Acerquémonos
Cómo desarrollar autocontrol

A c e r q u é m o n o s

Cómo desarrollar autocontrol

Escrito por Marge Eaton Heegaard

Para ser ilustrado por niños para ayudar
a las familias a aprender a comunicarse mejor

ISBN 1-57749-150-5

Primera impresión: August 2004

Impreseo en los Estados Unidos de América
08 07 06 05 04   7 6 5 4 3 2 1

Cubierta: Diseño de la cubierta por Laurie Ingram Duren
Interior: Spring Type and Design
Traducción al idioma Español: Edgar Rojas

Nota de la editorial: Las publicaciones de Fairview Press no siempre refleja las políticas y normas de Fairview Health Services. Si desea recibir sin cargo un catálogo actualizado de las obras publicadas por esta editorial, llame gratis al 1-800-544-8207, o visite nuestra página en Internet: www.fairviewpress.org.

El libro

Este libro está diseñado para niños entre 5 y 12 años de edad, para que lo ilustren con los dibujos que ellos deseen. Los niños menores podrían necesitar ayuda con los conceptos y palabras aquí utilizados, pero no se les deben dar muchas sugerencias. Este libro les pertenece: déje que ellos tomen sus propias decisiones.

Es recomendable que el niño utilice una caja pequeña de crayones nueva para la ilustración. Aún cuando muchos prefieren dibujar con marcadores, los crayones a menudo motivan a una mayor autoexpresión. Niños mayores pueden preferir lápices de colores.

Los niños menores prefieren dibujar porque pueden expresarse mejor con imágenes que con palabras. Los niños mayores se sienten más a gusto expresándose verbalmente, y muchos utilizan palabras con sus ilustraciones.

Al trabajar con el niño a través del libro, enfóquese en las ideas y en la expresión, en lugar de la técnica artística. No intente protegerlos de sentimientos difíciles. A medida que ellos aprenden a entender y expresar sus sentimientos, desarrollan facultades que les ayudarán el resto de sus vidas. Si los dibujos revelan confusión o mal entendimiento de algo, corrija dicha equivocación con delicadeza. Tenga en cuenta que la forma como ellos perciben la realidad es tan importante como cualquier otra realidad.

Para motivar la conversación, invite al niño a hablar sobre sus dibujos. Al final de cada sección, usted podría contarle lo que ha aprendido, así como incentivarlo a que le cuente lo que él o ella también ha aprendido. Al culminar el libro, anímelo a que comparta su trabajo con otros adultos para repasar y continuar el aprendizaje. Guarde este libro como un recuerdo de la infancia del niño.

Los adultos pueden ayudar a los niños a desarrollar autocontrol

Identifique y acepte los sentimientos del infante sin juzgarlo, y ayúdelo a aprender a identificar la diferencia entre sentimientos y acciones.

No proteja a los niños de sentimientos dolorosos. Ayúdelos a entender y expresar sentimientos en forma apropiada para que de esa forma desarrollen mecanismos que les ayudarán en situaciones difíciles más adelante en la vida.

Reconozca las etapas iniciales de la pérdida de autocontrol y sugiera un momento de calma para recobrar dicho control.

Reconozca y evite discusiones sobre control.

Critique sólo el comportamiento, nunca a la persona.

Los padres siempre deben mostrar unanimidad en cuestiones de disciplina.

Incentive al niño a posponer la gratificación como forma de alcanzar la meta deseada.

Sea consistente con el niño y mantenga una actitud respetuosa y positiva.

No haga aquellas cosas que los niños pueden hacer por sí mismos.

Imponga tareas a los niños según su edad para enseñarles sobre la responsa-bilidad, la autodisciplina, el valor del tiempo y la autoestima.

Atienda todas las necesidades del niño, pero no todos sus antojos.

Este libro fue diseñado para que por medio de los dibujos, los niños puedan expresar sus sentimientos y entender básicos conceptos sobre el comportamiento. A medida que los niños desarrollan sus habilidades para enfrentar problemas, podrían revelarse conceptos erróneos, resolverse conflictos y aumentar la autoestima. El libro puede ser usado en forma individual, o en grupos organizados por un adulto entrenado para aceptar cambios de comportamiento y motivar la comunicación. Un niño podrá completar entre 4 ó 5 páginas por sesión, pero las necesidades individuales pueden variar.

El libro ha sido creado para ayudar a los niños a:

I.   Reconocer problemas de conducta   1-5
Aceptar que todos cometemos errores
Entender que necesitamos aprender de los errores
Identificar problemas de conducta
Reconocer que las conductas pueden cambiar

II.   Entender cómo los sentimientos afectan la conducta   6-10
Identificar los sentimientos personales
Aceptar que los sentimientos son normales
Entender cómo las acciones afectan a los demás
Aprender formas aceptables para expresar sentimientos

III.   Entender que los comportamientos traen consecuencias   11-15
Reconocer las consecuencias de ciertos comportamientos
Entender la necesidad de disciplina
Identificar la forma más efectiva de disciplina
Reconocer las recompensas por un buen comportamiento

Para los niños

Este es tu libro. Podrás diferenciarlo de los otros libros a medida que dibujas tus pensamientos y sentimientos. No necesitas habilidades especiales para ilustrar estas páginas. Sólo utiliza líneas, formas y colores para dibujar las imágenes que vienen a tu mente al leer las palabras en cada página. Diviértete lo más que puedas.

Comienza con la primera página, y continúa en orden con las páginas siguientes. Pregúntale a un adulto si no entiendes palabras o las instrucciones. Cuando hayas terminado con unas páginas, puedes compartir tu trabajo con un ser querido que es especial contigo.

Espero que te diviertas utilizando este libro, compartiendo tus inquietudes y pensamientos con los demás, y aprendiendo algunas cosas importantes que te ayudarán a sentirte bien contigo mismo.

Hay momentos en que me siento feliz y me divierto.

(Dibuja algunos momentos felices).

Estos son buenos momentos.

Otras veces tengo problemas y me siento mal.

(Dibuja algo malo que hiciste).

Todos cometemos errores. Es muy importante aprender de nuestros errores.

Algunas veces hago cosas que molestan a mis padres o a otros adultos.

(Dibuja o escribe una lista de esas cosas).

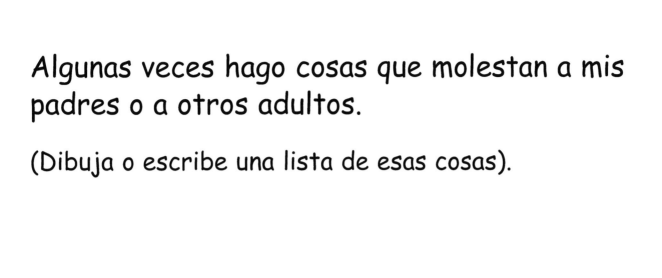

La mayoría de los niños tienen problemas de conducta. La conducta es una forma de actuar.

Algunas veces hago algo que no debo hacer para evitar que me castiguen.

(Dibuja algo que hiciste y que no debiste hacer).

La culpa que sientes por no haber sido descubierto, puede ser peor que el mismo castigo.

Puedo aprender sobre cuáles comportamientos crean problemas.

(Señala con un ✓ los comportamientos que tienes a menudo, y agrega una estrella ✱ a los que tratarás de cambiar).

Algunas veces yo:

_____ soy mandón y le digo a otros qué hacer.
_____ no sigo los consejos.
_____ no comparto.
_____ no sigo las reglas.
_____ no escucho con atención.
_____ tengo mi cuarto muy desordenado.
_____ no me puedo quedar quieto por un rato.
_____ digo mentiras o hago trampa.
_____ lastimo a los demás.
_____ le quito las cosas a los demás.
_____ no puedo estar listo a tiempo.
_____ no termino con mis obligaciones o no hago mis tareas escolares a tiempo.

Pide a dos adultos que marquen con una ✗ el comportamiento que desearían que tú cambies. Habla de eso con ellos.

Los sentimientos son algo que siento en mi cuerpo.

(Colorea con los colores indicados los sitios donde sientes tus sentimientos).

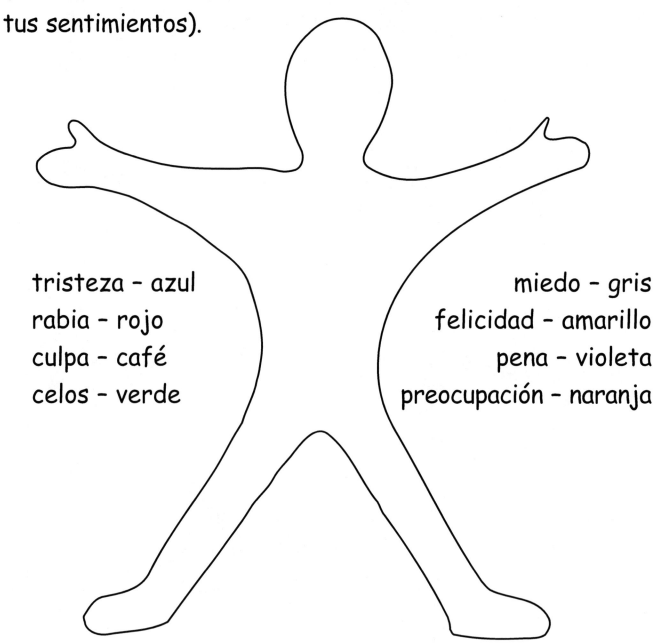

tristeza – azul
rabia – rojo
culpa – café
celos – verde

miedo – gris
felicidad – amarillo
pena – violeta
preocupación – naranja

Es importante saber lo que estás sintiendo.
Tus sentimientos afectan tu comportamiento.

Algunas veces las personas fingen y esconden los sentimientos que no quieren mostrar.

(Nombra y dibuja tres sentimientos que a veces escondes).

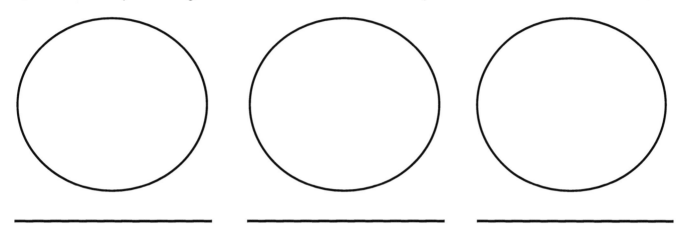

_____   _____   _____

(Nombra y dibuja la forma como tu los esconderías).

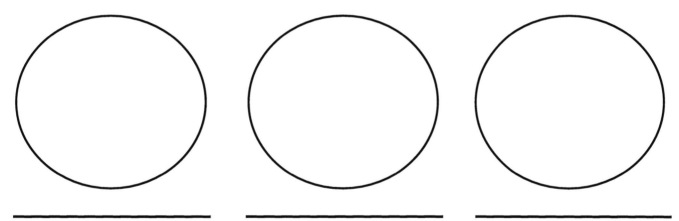

_____   _____   _____

Todos los sentimientos son buenos. Es importante compartir tus sentimientos con palabras. Puedes decir, "me siento _____". Sólo puedes adivinar lo que otros están sintiendo si ellos no te lo dicen.

Algunas veces me siento triste.

(Dibuja un momento de tristeza).

Está bien llorar para mostrar tu tristeza. Pero no está bien usar tus lágrimas para lograr que te den lo que quieres. ¡Las palabras funcionan mejor!

Algunas veces siento rabia.

(Dibuja un momento de rabia).

Sentir rabia es aceptable, pero no lo es herir a las personas o a las cosas.

Puedo aprender cómo demostrar mi rabia sin herir a las personas o a las cosas.

Está bien:

1. Decir "tengo rabia porque _____".
2. Golpear una almohada o un balón.
3. Gritar en una almohada o en la ducha.
4. Golpear el piso con mis pies o aplaudir.
5. Escribir una carta con rabia, y luego romperla.
6. Escribir en mi diario.
7. Rayar un viejo periódico usando muchos colores para expresar mis sentimientos. Luego hacer una bola con el papel y lanzarla contra una pared.
8. Caminar o correr rápido.

Tú eres responsable de tu comportamiento. Tú puedes escoger qué hacer con tu rabia.

Un comportamiento grosero hace sentir incómodas a las personas.

(Dibuja algún comportamiento grosero).

Es importante saber cómo tus acciones afectan a otros.

Una consecuencia es el resultado de una acción.

Peligro
¡Capa delgada
de hielo!

¡Alguien
no puso
atención!

Tareas
sin
terminar

(Dibuja o escribe la consecuencia).

(Comportamiento)

(Consecuencia)

Los adultos usan las consecuencias para enseñar a los niños sobre autocontrol.

Mi comportamiento en casa trae consecuencias.

(Dibuja o escribe algunos comportamientos y sus consecuencias).

Buen comportamiento   Consecuencia

Mal comportamiento   Consecuencia

Es importante aprender de las consecuencias.

A veces puedo controlar mi comportamiento
para obtener una recompensa.

(Dibuja qué te gusta recibir por tu buen comportamiento).

Quizás la mejor recompensa sea que te sientes bien
contigo mismo ... y que ¡le gustas a otras personas!

Algunos comportamientos te ocasionarán castigos.

(Dibuja la forma como te castigan. Luego, encierra en un círculo el castigo del que más aprendes y que te ayuda a controlar tu comportamiento).

La disciplina es la forma en que los adultos te muestran que te quieren y te ayudan a aprender sobre autocontrol.

Algunas veces me siento vulnerable e indefenso.

(Dibuja un momento cuando te sentiste indefenso, luego dibuja lo que hiciste para sentirte con mayor fuerza).

El poder de la mente puede ser más fuerte que el de los músculos. Siempre piensa antes de actuar.

Mis sentimientos no me pueden obligar a hacer algo que no quiero hacer. Yo puedo decidir cómo actuar.

(Piensa en un momento de rabia. Luego, piensa sobre lo que puedes hacer).

Rabia	Qué puedo hacer ¿Golpear? ¿Ignorar? ¿Gritar? ¿Hablar?

(Escoge tu mejor decisión y dibújala).

A veces sientes cosas sin saber por qué, pero no eres indefenso sobre la forma en que actúas. Toma la mejor decisión.

Todos tenemos que aprender a pensar antes de actuar.

(Dibuja a alguien que te está molestando).

Si lo golpeo en lugar de pensar, la consecuencia será:

_____

_____

_____

_____

_____   _____
(Piensa en una mejor solución).   (Piensa en la consecuencia).

¡Tú puedes controlar lo que te sucede!

Registro de comportamiento

(Saca copias de este registro para usarlo cada semana. Cada vez que controles tu comportamiento dibuja una estrella ✱).

Voy a intentar cambiar estos comportamientos:

1. _____

2. _____

3. _____

El autocontrol es la habilidad para tomar buenas decisiones. ¡Tú puedes lograrlo!

El comportamiento puede ser difícil de controlar.

(Dibuja momentos difíciles en tu hogar o en tu escuela).

Todos pueden aprender algunas cosas con facilidad, pero hay otras cosas que tienen que esforzarse para aprender.

Estos son los adultos con quienes vivo:

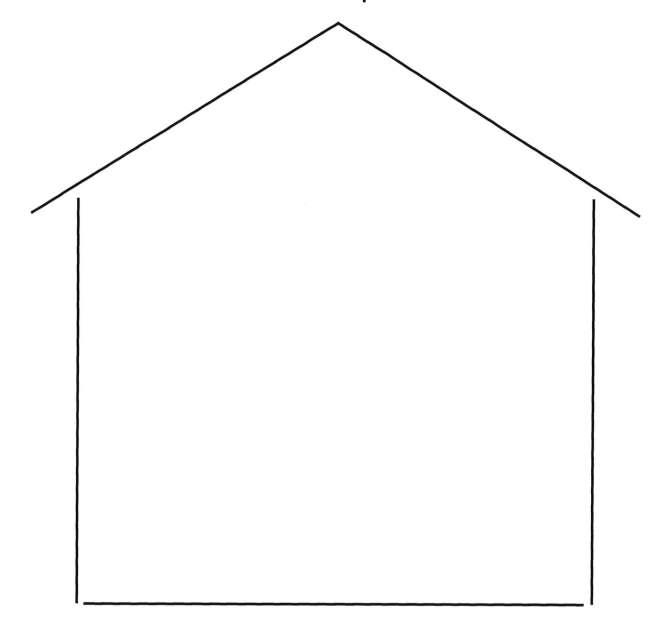

Los adultos son responsables por los niños y necesitan crear reglas. Los niños deben respetarlos y obedecer las reglas.

En mi casa tenemos unas cuantas reglas.

(Marca con un ✓ las reglas que tienes en casa,
o adiciona las tuyas).

_____ respetar a los demás
_____ no pelear o golpear
_____ no quejarse
_____ ayudarse unos a otros
_____ organizar lo que desorganizamos
_____ cumplir con los mandados
_____ hacer las tareas escolares
_____ decir la verdad
_____ tener buenos modales
_____ otra:
_____ otra:

Seguir las reglas de la casa te ayudará a seguir las
reglas de la escuela y las reglas de la vida.

Todos los miembros de la familia deben ayudarse mutuamente con las tareas del hogar.

(Escribe algunas cosas que puedes hacer para ayudar y ser responsable).

1. _____

2. _____

3. _____

4. _____

Decide cuándo vas a cumplir con tus obligaciones. Haz tus tareas sin que te lo estén recordando.

¡Tú eres importante, eres capáz y puedes ayudar!

Lista de obligaciones

(Saca unas copias para usar cada semana).

Mis obligaciones son fáciles de olvidar. Mantener una lista y un horario, me ayudará a desarrollar buenos hábitos.

obligación	Do.	L.	M.	M.	J.	V.	Sa.
trabajo adicional							

Cuando las obligaciones son bien cumplidas, pueden ser recompensadas, pero en muchos hogares sólo el trabajo adicional es recompensado.

Las mejores recompensas son los privilegios especiales.

(Dibuja algunos privilegios especiales que te gustaría tener).

(Dibuja algo para lo cual estás ahorrando dinero).

Una mesada te ayuda a desarrollar buenos hábitos en los ahorros y los gastos.

En mi escuela tienen muchas reglas. Cuando no las cumplo, me causan problemas.

(Marca con un ✓ los comportamientos que te han causado problemas).

_____ hablar demasiado
_____ molestar a mis compañeros de clase
_____ no hacer mis tareas
_____ interrumpir al maestro
_____ herir a otros
_____ no escuchar
_____ entregar mis tareas con atraso
_____ perder cosas
_____ actuar sin consideración por los demás
_____ reírme de los demás
_____ no decir la verdad
_____ otro:
_____ otro:

El buen comportamiento te da buenas calificaciones.

Cuando sea grande me gustaría ser

_____.

(Dibújate a ti mismo haciendo la clase de trabajo que te gustaría hacer).

Algunas veces la escuela puede parecer difícil o aburrida, pero te ayuda a aprender lo que necesitas para hacer lo que tú quieres hacer cuando seas grande.

Yo puedo cambiar mi comportamiento para ser un mejor amigo.

(Marca con una estrella ✱ las cosas que puedes hacer. Marca con un ✓ aquellas que deseas aprender a hacer).

Un buen amigo:

_____ trata a los demás de la forma como el desea ser tratado.

_____ dice la verdad.

_____ ayuda a los demás.

_____ actúa con gentileza y amabilidad.

_____ no culpa a los demás.

_____ pide ayuda cuando la necesita.

_____ comparte y espera su turno.

_____ respeta las reglas.

_____ pide permiso.

_____ se respeta a sí mismo y a los demás.

_____ me sonríe.

¡Con un buen comportamiento puedes conseguir y mantener buenos amigos!

Tengo dificultad para hacer algunas cosas, pero no dejo de intentarlo.

(Dibuja algo difícil que estás aprendiendo a hacer).

¡Siempre puedes pedir ayuda, y siempre puedes intentar ser lo mejor que puedas!

Estoy aprendiendo y me estoy esforzando. Haré lo mejor que pueda para ganar esta recompensa ...

Firmado por_____